AF390843

Impressum
© 2014-2020 Annemarie Nikolaus, 03240 Tronget/Allier, Frankreich
Buchumschlag: Design © 2016 Annemarie Nikolaus, Foto © 2010 Jean-Bernard
Nadeau
2. aktualisierte Ausgabe 2020
Alle Rechte vorbehalten
ISBN: 9782902412570

ANNEMARIE NIKOLAUS

Am Rande des Weges ...

AQUITANIEN:
DAS ENDE EINES KRIEGES

Inhalt

Einleitung

An der Dordogne, nicht weit von Bordeaux, wird jedes Jahr das Ende des »Hundertjährigen Krieges« zwischen Frankreich und England inszeniert. Es ist eine der größten Freiluftveranstaltungen der französischen Sommer.

Als Aliénor von Frankreich im Jahre 1152 in zweiter Ehe den englischen König Henry Plantagenêt heiratete, brachte sie ihm ihr Herzogtum Aquitanien als Hochzeitsgeschenk. Über 300 Jahre, bis zur Schlacht vor den Toren Castillons am 17. Juli 1453, blieb Aliénors Aquitanien, das wohlhabende Südwest-Frankreich, unter englischer Herrschaft.

Die Castillonaiser selbst haben paradoxerweise an diesem zentralen Ereignis der Geschichte gar nicht teilgenommen. Geschützt hinter den Mauern ihrer Stadt verfolgten sie die Schlacht quasi genauso unbeteiligt wie die heutigen Zuschauer das Spektakel.

Ein unbebauter Hang von sieben Hektar Fläche am Fuß des Schlosses von Castegens dient als Bühne für dieses Stück mittelalterliche Geschichte: Er liegt quasi nur einen Kanonenschuss entfernt vom historischen Schauplatz. Die Darstellung der Schlacht gegen Ende des Stücks nutzt die gesamte Fläche des Hügels; man fühlt sich eher auf einem Film-Set als in einem Theater.

La bataille – das Schauspiel

In den zwei Stunden, die die Inszenierung dauert, tauchen die Zuschauer ins mittelalterliche Leben ein: Detailgenau wird der Alltag auf Bauernhöfen und in Gasthäusern geschildert; auf Märkten, während der Weinlese, bei Jagdpartien des Adels ... Die Bewohner Aquitaniens reiben sich nach der Eroberung Bordeaux' 1451 an den französischen Soldaten und versuchen sich zu wehren.

Die historische Episode wird von der Abtei Saint-Florent aus erlebt, die der Zufall ins Zentrum dieser Schlacht gestellt hat, die das Gleichgewicht in Europa verändern wird.

Das Publikum erlebt zuerst die Sorge des Priors um seine Gläubigen, die des Bürgers um seine Ernte, die des Adligen um seine Ländereien und die Sorge des Grafen Raoul über die Treue seiner Frau. Schließlich kommt es zur Schlacht zwischen dem englischen General John Talbot und den Truppen von Jean Bureau, Großmeister der Artillerie Charles' VII..

Es ist ein atemberaubendes Spektakel, das nicht mit Pyrotechnik und anderen Effekten spart. Zwar sind nicht alle Szenen selbsterklärend, aber das Ganze ist so grandios inszeniert, dass dies mehr als wettgemacht wird: Eine italienische Oper begreift man ja auch ohne Übersetzung. Und für Kinder ist diese Veranstaltung allemal faszinierend.

Die Website[1] gibt es immerhin auch in englischer Übersetzung.

Seit mehr als 30 Jahren wird es an einem guten Dutzend Abenden im Juli und August inszeniert. Pro Saison hat das Schauspiel mittlerweile gegen 30.000 Besucher.

Es ist aber keineswegs immer das gleiche Stück: Das Schauspiel hat sich im Laufe der Jahre weiterentwickelt und auch verändert:

[1] http://www.batailledecastillon.com/index_en.html

Zuletzt hat es zwischen 2008 und 2012 eine schrittweise Transformation erlebt und endet jetzt mit einem optimistischen Ausblick auf die Renaissance.

Für die Gestaltung des Schauspiels nimmt der Verein »*La Bataille de Castillon*«, der dafür verantwortlich zeichnet, einen enormen Aufwand auf sich. Angefangen mit der Restaurierung seltener antiker Objekte über das Bühnenbild der Priorei bis zur Serienherstellung von Schilden, Schwertern und Pistolen arbeitet das Team der Ausstatter nach wie vor das ganze Jahr an der Umsetzung.

Mehr als 800 Kostüme sind nach den Aufzeichnungen der Enzyklopädie von Eugène Viollet-le-Duc, einem französischen Kunsthistoriker des 19. Jahrhunderts, hergestellt worden. Dazu Schürzen, Hüte, Kappen und andere Kleidungsstücke, die im Laufe der Jahre entweder zu erneuern oder zu reparieren sind.

Ein anderer Teil des Aufwands ist unsichtbar: In Tausenden von Arbeitsstunden ist über die Jahre das Gelände auf Hunderten von Metern aufgegraben worden, um kilometerlange elektrische Kabel und Rohre zu verlegen. Castillon-la-Bataille unterstützt die Aufführungen finanziell und logistisch.

Es ist das erfolgreichste der kulturellen Ereignisse von Aquitanien. Im Laufe der Jahre hat es weit über 700.000 Zuschauer angezogen.

Insgesamt sind rund 700 Freiwillige aus der Region vor und hinter den Kulissen tätig; auf der »Bühne« selbst 450 Laiendarsteller und 50 Reiter. Auch eine gute Hundertschaft Tiere bevölkert die Szenerie: Pferde, Kühe, Schweine, Hunde, Ziegen, Esel, Schafe, Tauben, Gänse. Viele von ihnen – Menschen wie Tiere – sind das ganze Jahr über beschäftigt, damit die Aufführungen gelingen. Ab dem Frühjahr beginnen die Proben für Schauspieler und Reiter und die Wiederholungen der Tierdressuren, soweit sie noch nötig sind.

Die Tiere sind allesamt dressiert wie in einem Zirkus. Jedes Tier kennt seine Rolle, erkennt die Musik, die seinen Auftritt begleitet und wird regelrecht ungeduldig, während es in den Kulissen wartet.

Die Sau Alice (eine Kreuzung der Rassen Basque und Bayeux) und ihre Gefährtin Chouchou (Rasse Gasconne) sind vor mehreren Jahren wegen ihres rustikal-mittelalterlichen Aussehens ausgewählt worden. Sie spielen ihre Rollen schon so lange, dass sie keine Proben mehr brauchen. Alice hat sogar die Gewohnheit angenommen, ihren Auftritt mit einer Reihe durchdringender Schreie anzukündigen.

Auch das Lourdaiser Ochsengespann und das Gespannpaar

Blonde d'Aquitaine beherrschen ihren Auftritt seit Langem aus dem Gedächtnis und brauchen kaum noch Hilfen von Seiten des Dresseurs. Die unvorhersehbaren Esel sind dagegen launische Mitspieler. Die Pilger haben in ihren Umhängen Karotten, denen sie folgen sollen; aber es kann passieren, dass sie ihren Auftritt ohne Vorwarnung unterbrechen und in ihren Stall zurück galoppieren.

In Nebenrollen spielen Schafe, Ziegen und Gänse mit. Sie tauchen zwischenzeitlich während der Szenen des Dorflebens auf und haben ihren gemeinsamen Auftritt am Ende des ersten Aktes während dem Markt von Castillon. Die eigentlichen Stars sind aber die Pferde. Von ihnen wird tatsächlich die größte Leistung verlangt.

Wie einstmals die speziell ausgebildeten Schlachtrösser der Ritterzeit greifen sie im Stück in Linie an, müssen sich im Nahkampf behaupten, sich inmitten des Getümmels von Fußsoldaten bewegen und Gegenangriffe aushalten. Weder das Feuer der Fackeln darf sie erschrecken, noch der Lärm der Geschütze oder die Feuerwerkskörper; und sie dürfen auch nicht vor dem Applaus der Zuschauer scheuen. Obendrein müssen sich die Pferde im Dunkel der Nacht auf einem steilen Gelände bewegen, ohne dass dabei andere Tiere oder Schauspieler in Gefahr geraten.

Die Kavallerie besteht zu je einem Drittel aus spanischen und lusitanischen Pferden und Arabern; entweder Wallache oder Stuten, mittelgroß und im Durchschnitt sieben bis acht Jahre alt. (Wenn sie das Alter von achtzehn Jahren erreichen, dürfen sie nicht mehr teilnehmen.) Die Rolle und der Platz, der ihnen zugewiesen wird, richtet sich nach ihrer Fellfarbe: danach, wo sie in der Nacht am besten auffallen, damit die Szene durch starke Bilder besticht.

Sie stammen aus vier Reitställen der Gironde. Jeder von ihnen hat seine besonderen Kompetenzen. Die Reiter trainieren ihre Pferde in ihren Reitclubs und bereiten sie dort auf die Auswahl Anfang Juni vor. Aus Gründen der Sicherheit kommen nur emotional ausgeglichene Pferde in Frage, die in vollkommenem Vertrauen mit ihren Reitern arbeiten. Es braucht Pferde, die im Gespann gehen und einen brennenden Wagen ziehen müssen; andere, die den brennenden Wagen verfolgen; Kaskadeure, Amazonen und natürlich die Offiziere und Reiter der Armeen.

2011 ist das Turnier der Schlussszene durch eine poetische Sequenz ersetzt worden, in der sich zehn Pferde sofort nach der Schlacht ungesattelt und in Freiheit auf dem Hang wiederfinden: vier spanische Pferde, fünf Lusitanier und ein Araber namens Pacific (für seine Schönheit und Intelligenz ausgewählt). Diese Szene soll darauf verweisen, dass neun Jahre nach der Schlacht König Louis XI Aquitanien seine alten Freiheiten und Privilegien zurückgeben wird.

Die Aufführung selbst beginnt erst um 22.30 Uhr; aber das Gelände wird schon am späten Nachmittag geöffnet. Rund um ein Zeltlager unterhalten Troubadoure, Gaukler und »Ritter« mit Schaukämpfen die Besucher. Tische mit altertümlichen Geschicklichkeitsspielen sind nicht nur für Kinder und Jugendliche eine Herausforderung.

Seit 2012 wird am Eingang zum Gelände, – im »Dorf von Aliénor« – ein Bauernhof eingerichtet, um vor der Aufführung diese kleine Welt in Gänze zu präsentieren.
    Für das Abendessen bietet ab 19.30 ein »mittelalterliches« Gasthaus ein komplettes Menu. Aber man kann sich ebenso gut zum Picknick auf die Wiese setzen.

Es ist nicht zwingend zu reservieren, aber es empfiehlt sich zumindest, zuvor nach freien Plätzen zu fragen, insbesondere, wenn man vom Ferienort aus mehrere Stunden Anreise hat.

Website: http://www.batailledecastillon.com/

Termine, Informationen und Reservierung:

Die Aufführungen finden jeweils freitags und samstags zwischen Mitte Juli und Mitte August sowie am 15. August statt.

Eintritt:
Für Kinder unter 5 Jahren kostenlos; für 5 – 12 jährige reduzierter Eintrittspreis.
Das Menu kann ebenfalls vorbestellt werden.

Reservierungen über das Büro der »Bataille«:
Per Telefon: 05 57 40 14 53 . Oder online:
http://jereserve.maplace.fr/reservation.php?societe=Castillon
%201453
e-mail: info@batailledecastillon.com

Der Besuch der Aufführung kann mittags mit Unternehmungen in Castillon-la-Bataille verbunden werden. Man kann eine Ausstellung (kostenlos) über den Hundertjährigen Krieg besuchen oder an Führungen durch Castillon-la-Bataille und Workshops zu mittelalterlichem Handwerk teilnehmen.

Die englische Guyenne

1137 stirbt der letzte Herzog von Aquitanien. Seine Tochter Aliénor wird die Frau von Louis Le Jeune, den späteren König von Frankreich. 1152 heiratet sie kurz nach der Annullierung der Ehe Henri Plantagenêt, der König von England wird. Die mächtige Provinz ist Aliénors Mitgift und wird für drei Jahrhunderte englisch. Es ist eine Herrschaft im Zeichen des Wohlstands, die Aquitanien reich macht wie nie zuvor.

Die Provinz bleibt zugleich aber Vasallin Frankreichs. Von allen begehrt, ist Aquitanien unausgesetzt im Kriegszustand; wird abwechselnd von den Engländern und den Franzosen erobert und zurückerobert.

Das damalige Aquitanien erstreckte sich in etwa auf das Gebiet der heutigen Regionen Poitou-Charentes, Limousin und Auvergne sowie die Departements Vendée, Dordogne und Lot. Ab dem 13. Jahrhundert zerfiel das hochmittelalterliche Aquitanien allerdings und es blieb die Guyenne übrig, die der heutigen Region Aquitanien entspricht.

Mit den Machtverhältnissen in unserem kleinen Castillon selber ist es in jener Zeit beständig hin und her gegangen. Von 1223 bis 1259 ist der Ort kurzzeitig wieder unter französische Herrschaft. Ab Ende des 13. Jahrhunderts gehört Castillon den Grafen de Foix; Sainte-Foy und Castillon werden von Raoul de Nesles erobert. Aber im Mai 1303 wird die gesamte Provinz Guyenne in einem feierlichen Akt in der Kirche von Saint-Emilion dem König von England zurückgegeben. 1377 belagert der Herzog von Anjou, Bruder des französischen Königs, zwei Wochen lang Castillon, nachdem er Bergerac und Sainte-Foy erobert hat. Castillon wird eingenommen, bleibt aber nicht lange in französischer Hand.

Auch andere Gebiete »Frankreichs« gehörten in jener Epoche zeitweilig zu England. Ironischerweise waren die Normannen daran schuld, weil sie im 11.Jahrhundert England erobert hatten. In der Folge war es das Erbrecht, das immer wieder Teile des Kontinents unter die Herrschaft des jeweiligen englischen Königs brachte. Oder zum Streit darüber führte, wem die Königswürde zustand.

Nach dem Tod von Charles IV wird mangels eines männlichen Erben Philippe de Valois zum Regenten ernannt und dann König. Der englische König, Sohn einer französischen Prinzessin, wird mit Verweis auf das salische Erbrecht abgewiesen, denn das salische Erbrecht verweigert Frauen den Thron. Das interpretieren die Pairs von Frankreich nun so, dass eine ununterbrochen männliche Erblinie verlangt sei. (1317, lex salica).

Nach mehreren Zwischenfällen besetzt Philippe VI. im Jahre 1337 Aquitanien und beginnt damit einen Krieg, der mehr als hundert Jahre dauern wird. Der Krieg verwüstet Frankreich und bringt es, wirtschaftlich ruiniert, an den Rand der Niederlage. Die Wende kommt erst unter der Führung von Jeanne d'Arc.

1450 fällt die Normandie an Frankreich zurück. Damit ist die Guyenne, wie der südwestliche Teil Aquitaniens heißt, der letzte Teil des Landes, der noch von England beherrscht wird. Ermutigt von den militärischen Erfolgen der Jeanne d'Arc gegen die Engländer beschließt Charles VII. den Feldzug zur Eroberung der Provinz.

1451 dann erobert Jean de Dunois Bordeaux und damit fallen formell Castillon wie die gesamte Guyenne unter die Herrschaft Charles VII. von Frankreich. Aber der Castillonaiser Vizegraf Gaston de Foix verweigert die Unterwerfung und sein Sohn Jean de Foix schließt sich der Liga des widerständigen Bordelaiser Adels an. Sie rufen die Engländer zurück und 1452 landet der greise englische General John Talbot mit seinen Truppen in Bordeaux.

Die Schlacht vor Castillon am 17. Juli 1453 markiert schließlich das Ende des Hundertjährigen Kriegs – der in Wahrheit eineinhalb Jahrzehnte länger dauerte – zwischen Frankreich und England: Die Guyenne ist endgültig ein Teil Frankreichs.

Die Bewohner des Südwestens waren allerdings keineswegs glücklich darüber.

Unter der englischen Krone gab es für Aquitanien weder Not noch Unterdrückung. Die englische Magna Carta hatte auch für sie gegolten und ihnen Bürgerrechte zugestanden, die weit über die unfreie mittelalterliche Ständeordnung Frankreichs hinausgingen. Den Kommunen hatten die englischen Könige mit liberalen Satzungen Autonomie gewährt. Man darf sich Aquitanien also keineswegs als von England besetztes Land vorstellen.

Zudem gab es über den Hafen von Bordeaux einen regen Warenverkehr mit England. Insbesondere der Export von Wein trug zum Wohlstand der Region bei.

Umgekehrt war England vom Wein der Guyenne abhängig: England litt unter der Klimaveränderung, die ab dem 13. Jahrhundert zu einer deutlichen Abkühlung geführt hatte (kleine Eiszeit). Sie machte in England plötzlich den Anbau mancher Produkte unmöglich – eben auch den des Weins, der zuvor im gesamten Süden Englands gedieh. Wein aber war quasi ein Grundnahrungsmittel, denn es war in jener Zeit viel gesünder, Wein zu trinken als das hygienisch bedenkliche Wasser.

Diese wirtschaftlichen Beziehungen waren die Grundlage für sehr enge Bindungen zwischen England und Bordeaux in beiderseitigem Interesse. 1451 hatten sich die Bürger Bordeaux' daher mit den Engländern gegen die anrückenden französischen Truppen verbündet. Und der englische König Henry VI., als er über die Stimmung der Aquitainer nach dem Fall Bordeaux' informiert wurde, beauftragte seinen General Talbot nur zu gerne mit der Rückeroberung. Dafür nahmen die dann siegreichen Franzosen Rache: König Charles VII. verbot Aquitanien den Weinhandel mit England.

Im nationalbewussten Frankreich feiert das Schauspiel den Ausgang der Schlacht selbstverständlich als Erfolg. Umso bemerkenswerter sind daher Szenen wie die Scharmützel der Castillonaiser mit französischen Soldaten, die ehrlich zeigen, dass die Aquitainer englisch bleiben wollten. Und die Franzosen treten nach dem Ende des Krieges nicht als Befreier auf, sondern treiben die Provinz in die Armut.

Der Export von Wein nach England kann zwar nicht vollständig blockiert werden, nimmt aber in bedrohlichem Umfang ab. Freiwilliges oder erzwungenes Exil lichtet die Ränge des Bürgertums und des Adels. Einige Jahre später allerdings werden die freiwilligen Exilanten bei ihrer Rückkehr mit offenen Armen empfangen: Manche erhalten sogar ihre aufgegebenen Ländereien zurück, darunter der Grafensohn Jean de Foix, der nach England geflohen war.

Erst Louis XI., neuer König Frankreichs, stellt 1461 die alten Rechte und Privilegien der Aquitanier wieder her und gewährt ihnen die Freiheit des Handels mit England. Die Castillonnaiser erhalten ab 1474 Schritt für Schritt ihre Privilegien zurück. Jean de Foix-Candale genehmigt ihnen eine Satzung mit dem Recht, einen Bürgermeister und zwei Räte (*jurats*) zu bestimmen. Sie wird 1487 von Gaston II bestätigt und erweitert.

Die historische Schlacht

Im Zuge einer schnellen »Rückeroberung« hatten Bordeaux und Castillon 1452 nach Talbots Landung den Engländern die Tore geöffnet.

Im Sommer 1453 beginnen die Franzosen ihren Gegenangriff und marschieren mit vier Armeen Richtung Bordeaux. Eine von ihnen rückt durch das Dordogne-Tal vor und nimmt am 8. Juli 1453 Gensac ein.

Dann nähert sich die französische Armee dem befestigten Castillon, belagert die Stadt aber nicht, wie es im ganzen Mittelalter – und bis in die Frühe Neuzeit – eigentlich üblich war. Sie will die Guyenne nicht mehr Stadt für Stadt erobern, sondern die Armee Talbots vernichten und damit in einer einzigen Aktion das Schicksal Aquitaniens entscheiden.

Deshalb ändern die Franzosen nun ihr Vorgehensweise und locken sie die Armee Talbots auf ein Gelände, auf dem sie strategisch im Vorteil sind.

Die Brüder Bureau kennen Castillon und seine Umgebung gut, weil sie die Stadt schon 1451 mit der Armee von Penthièvre angegriffen hatten.

Ihre Armee lässt sich knapp 2 km östlich der Stadt in einem Tal am rechten Ufer der Dordogne nieder. Sie umfasst rund 10.000 Männer »aus allen Provinzen«, mit 1.800 »Lanzen«[2] und Bogenschützen. Die Artillerie unter dem Kommando der Brüder Bureau besteht aus 300 Geschützen, die von 700 Soldaten bedient werden – Zahlen, die einen ahnen lassen, welche Schlagkraft die Franzosen mit dieser neuen Bewaffnung aufbieten konnten. Zu den französi-

[2] Militärische Einheit; Erklärung im Kapitel über das Ende der ritterlichen Kriegsführung. https://de.wikipedia.org/wiki/Lanze_(Militärischer_Verband)

schen Bogenschützen kommt die bretonische Armee mit 1000 Soldaten, darunter eine Kavallerie mit 240 Lanzen.

700 Soldaten besetzen die Abtei von Saint-Florent im Nordosten des Tals und die bretonische Kavallerie der 240 Lanzenreiter wird als Reserve nach Horable – 1,5 km nördlich - zurückgezogen.

Der gewählte Platz bietet unübertreffliche Vorteile. Im Norden hat er die Lidoire im Rücken, ein kleiner Wasserlauf mit steilen Ufern, dessen Niveau dank einer Staumauer erhöht werden kann. Im Westen, Süden und Osten wird innerhalb von drei Tagen ein Graben ausgehoben: 1,6 km lang, 5 bis 6 m breit und etwa 4 m tief. Es ist keineswegs ein einfacher Schützengraben: Er hat Vertiefungen, die Kreuzfeuer erlauben, ist geschützt durch eine Bank und durch Baumstämme verstärkt. Auf diese Weise wird er zu einem ernstzunehmenden Hindernis für die englische Kavallerie. Das Feldlager hat zum Schluss eine Ausdehnung von 200 bis 300 m von Nord nach Süd und rund 600 m von West nach Ost. Vor diesem Lager erstreckt sich auf 500 bis 600 m freies Gelände bis hin zur Dordogne, die nur an einer Furt überquert werden kann, dem *pas de Rauzan*.

Falls der Feind von Norden kommt, bleibt er an der schwierig zu überquerenden Lidoire in unmittelbarer Nähe des Lagers stecken. Wenn er von Westen kommt, kann er sich nicht vollständig auf der schmalen Frontseite (200 m) des Platzes ausbreiten. Vom Süden kommend, liegt das Schlachtfeld bis zur Dordogne ungeschützt unter dem Feuer der französischen Kanonen.

Dieses Feldlager, das Talbot angreifen soll, ist im Prinzip ein Artillerielager.

In der Größenordnung ist die englische Armee gleichwertig, wenn nicht gar überlegen: Talbot kann wenigstens 6000 Mann in Bordeaux aufbieten sowie weitere 3000 Gascogner, die seine Truppen kurz vor dem Angriff erreichen.

Aber Talbot macht den Fehler, dass er seine Truppen in dem Maße zum Angriff gegen das Lager der Franzosen schickt, in dem sie nach und nach das Schlachtfeld erreichen. Am Ende hat er gegen 4.000 Soldaten vor Ort – immer noch zu wenig, um die im Voraus vorbereitete Stellung des Feindes im Handstreich zu nehmen.

Talbot war in Bordeaux von den Castillonnaisern von der Ankunft der französischen Armee in Kenntnis gesetzt worden und beschloss. die Stadt zu entsetzen.

Er übernachtet in Libourne und am Morgen des 17. Juli erreicht er die Wälder oberhalb der Priorei. Wie die Castillonnaiser ihm geraten haben, stürzt er sich auf die schwache Garnison in Saint-Florent. Deren Besatzung flieht und zieht sich in das Feldlager an der Lidoire zurück. Die Engländer folgen entlang der Bergflanke oberhalb des Bachs; aber nach blutigen Zweikämpfen überqueren die Fliehenden den kleinen Fluss und befinden sich sofort im Innern des Feldlagers.

Vielleicht überrascht von den Schwierigkeiten, auf die sie stoßen, ziehen sich die Engländer vorerst zur Priorei zurück. Dort versorgen sie sich und stechen einige der von den Franzosen aufgegebenen Weinfässer an.

Talbot will eben zur Messe gehen, als man ihm berichtet, dass die Franzosen das Lager verlassen. Tatsächlich erheben sich unübersehbare Staubwolken im Osten oberhalb der Position, die die Franzosen halten. Später wird man wissen, dass dies die Pagen waren, die mit dem für die Schlacht hinderlichen Tross abzogen. Durch den Anschein getäuscht, zögert Talbot nicht mehr und bricht mit den Truppen auf, über die er gerade verfügt, um die Franzosen in die Flucht zu schlagen.

Die Engländer stoßen bis zur Grabenböschung vor und versuchen, das Banner Talbots am Eingang zum französischen Lager aufzurichten; aber im Nahkampf fällt es in den Graben.

Die Artillerie der Franzosen unter dem Kommando der Brüder Gaspard und Jean Bureau (Der letztere ist Großmeister der Artillerie König Karls VII.) hatte Zeit gehabt, sich vorzubereiten: 300 Geschütze feuern gleichzeitig, geladen mit »*Mitrailles*«: Das waren mit Bleikugeln gefüllte Zylinder, mit riesigen Schrotkugeln vergleichbar.

Das Gemetzel ist entsetzlich. Die Angreifer stehen so dicht, dass sie dem Geschützfeuer weder entkommen noch sich zerstreuen können. Die Überlebenden formieren sich erneut, aber die französischen Geschütze sind schnell wieder einsatzbereit.

Talbots eigene Artillerie ist zu langsam, um das Schlachtfeld rechtzeitig zu erreichen. Unter dem Feuer der Franzosen kämpfen die englisch-gascognischen Truppen noch ungefähr eine Stunde weiter. Dann greifen die Bretonen an, die mit ihrer Kavallerie als Reserve in Horable standen und sich vom Donner der Kanonaden gerufen fühlten. Die bretonische Kavallerie fällt über die Fliehenden her und massakriert sie.

Die Franzosen öffnen daraufhin die Barrikaden und verfolgen die Engländer. Im Schlachtgemenge wird Talbots Pferd erschossen.

Als er stürzt, wird er von einem französischen Bogenschützen getroffen und anschließend mit einem Axthieb auf den Kopf getötet. Auch Talbots Sohn, Lord L'Isle, fällt.

Mindestens 4000 Tote bleiben auf dem Schlachtfeld zurück. Die Überlebenden fliehen; die einen, indem sie versuchen, die Dordogne zu überqueren, wobei viele ertrinken. Andere setzen sich nach Westen ab und einige erreichen Saint-Émilion. Wieder andere schließlich verbergen sich im befestigten Castillon. Ein Refugium von kurzer Dauer: Am 18. Juli nämlich rücken die Franzosen mit Artillerie auf Castillon vor und erreichen die Übergabe der Stadt.

Nachdem Talbots Tod bekannt wird, kapitulieren alle Städte, die bis dahin noch von den Engländern gehalten wurden, und Bordeaux ergibt sich kampflos. Im Schloss von Pressac, in Saint-Étienne-de-Lisse, wird die Kapitulation der Engländer dann unterzeichnet.

Damit ist nicht nur dieser Krieg zu Ende; die englischen Könige bekommen nie wieder Zugriff auf Frankreich.

Das Ende der ritterlichen Kriegführung

Das Stück inszeniert auch die Legende, dass die englischen Soldaten nicht recht einsatzfähig gewesen seien, weil sie am Vorabend der Schlacht den Weinkeller der Abtei Saint Florent geleert hätten.

In Wahrheit lag die Niederlage der Engländer an der »neumodischen« Kriegführung der Franzosen, insbesondere dem massiven Einsatz von Artillerie in offener Feldschlacht. Das ausgehende Mittelalter war eine Epoche des sich rasant entwickelnden technischen Fortschritts: Das galt auch für Waffentechnik und Kriegführung.

Zuvor hatte die Kriegführung in Europa im wesentlichen aus zwei Elementen bestanden:

Der Eroberung der befestigten Orte nach Belagerung. Dabei waren die Belagerten in der Regel gut beraten, sich zu ergeben, denn das erlaubte ihnen, einigermaßen erträgliche Bedingungen auszuhandeln.

Die Strategie der Brüder Bureau in der Guyenne macht dagegen die langwierige und mühsame Eroberung Stadt für Stadt überflüssig: Wenn das gegnerische Heer geschlagen ist und die Städte nicht mehr schützen kann, ist deren Widerstand zwecklos.

Das zweite Element waren die Schlachten der Ritterheere. Diese waren aus heutiger Sicht erstaunlich unblutig, denn sie zielten keineswegs auf die Vernichtung des Gegners. Im Gegenteil tat jeder sein Bestes, den Feind am Leben zu lassen. Das hatte einen ganz banalen Grund: Für einen Gefangenen ließ sich ein Lösegeld aushandeln. Damit finanzierten die Ritter ihren Lebensunterhalt.

Schlicht darauf begründet sich das Konzept der »ritterlichen« Kriegsführung.

Es geht zu Ende damit, als die Engländer in der Schlacht von Crécy im August 1346 den französischen Soldaten nicht im ritterlichen Zweikampf begegnen, sondern ihre Bogenschützen an die Front schicken, die die angreifenden Ritter mit ihren Pfeilen dezimieren: Die englischen Langbogen sind zu dem Zeitpunkt denen der Franzosen mechanisch überlegen und haben eine deutlich größere Reichweite.

Hinterher beschweren sich die Franzosen über die Ehrlosigkeit der Engländer.

Bis dahin war die französische Ritterschaft die zahlreichste und die kriegerischste von ganz Europa gewesen. Und sie war auch in diese Schlacht gezogen, um ihre adligen Gegner gefangen zu nehmen und ihre Kassen mit dem Lösegeld zu füllen.

Aber natürlich können sie die Uhren nicht zurückdrehen, sondern müssen sich selber der neuen Kampfweise anpassen.

Charles VII nutzt den 1444 in Tours ausgehandelten Waffenstillstand, um seine Armee umzuorganisieren. Schon ab 1438 hatten die Generalstände - zuerst in den Regionen der *langue d'Oïl* im Norden (1438 und 1443), dann der *langue d'Oc* (1439) – dem König die Möglichkeit eingeräumt, Geld einzutreiben, ohne dass sie dies wie zuvor jedes Jahr beschließen mussten. Eine Art

Generalvollmacht also – und damit die Einführung dauerhafter Steuern. Von da an hatte der König die Mittel, ein stehendes Heer zu unterhalten. Vor allem aber konnte er vermeiden, dass demobilisierte Söldner marodierend durchs Land zogen.

Ab 1445 lässt er die Armee in Basiseinheiten – »Lanzen« – organisieren, die als Team verschiedener Waffen agieren: Sie bestehen aus einem Ritter, der von zwei berittenen Bogenschützen, einem Mann mit Schwert und langen Dolch sowie – nicht als Kämpfer –– von einem Pagen und einem Diener begleitet wird. 100 Lanzen bilden eine Kompanie: Seine stehende Armee hat anfangs 15 Kompanien – 9.000 Mann. Sie werden in Garnisonen einquartiert, die die Städte unterhalten müssen, sodass in Friedenszeiten die königlichen Kassen nicht belastet werden.

Es war eh die Zivilbevölkerung, die die Lasten der Kriege zu tragen hatte: Üblicherweise wurden die Landstriche geplündert, durch die eine Armee zog – schlichte Notwendigkeit, um sich zu finanzieren und zu ernähren. Es war dabei völlig egal, ob es das eigene Land oder das des Gegners war. Ein anschauliche Schilderung, wie es dabei zuging, findet man in Jean Anouils »*Conjuration des Importants*« in dem Kapitel, in dem sein Held der französischen Armee auf dem Weg nach Rocroy folgt.

Ab 1448 hat jeder Sprengel von 50 Haushalten einen ausgebildeten Bogenschützen zu stellen und auszurüsten. Dafür wird dieser Mann von Steuern befreit – daher der Begriff »*franc-archer*«. Am Ende stehen dem König rund 8.000 Mann zur Verfügung und er hat eine Bogenschützenarmee, die sich mit der englischen messen kann. Zusätzlich lässt er nach wie vor Söldner anheuern, wenn er sie braucht. Außerdem hat er eine stehende schottische Garde. Insgesamt hat Charles VII. 15.000 Reiter, die beweglich und gut ausgebildet sind. Und die englischen Bogenschützen werden von Schlacht zu Schlacht weniger, zumal deren Ausbildung beträchtliche Zeit in Anspruch nimmt.

Jean Bureau, Großmeister der Artillerie Charles' VII., hatte seit 1439 Frankreichs Feldartillerie umorganisiert, um den Einsatz von

Kanonen zu fördern: Artillerie war zuvor vor allem bei Belagerungen benutzt worden.

Der technische Fortschritt hatte inzwischen aber zur Entwicklung von relativ leicht beweglichen Geschützen geführt. Neben der neuen Beweglichkeit zeichnete sich diese Artillerie durch eine größere Durchschlagskraft aus, womit die Panzerung der Ritterheere endgültig nutzlos wurde.

Jean Bureau und sein Bruder leiten die Artillerie persönlich in allen Schlachten in der Normandie und in der Guyenne; ebenso die Bogenschützen. In Castillon setzt Jean Bureau die Kanonen zum ersten Mal in der westlichen Welt massiv in offener Feldschlacht ein.

Die Schlacht vor den Toren von Castillon markiert somit endgültig auch das Ende der Kriegführung, wie die europäische Welt sie bis dahin betrieben hatte. Die Artillerie ist dem mittelalterlichen Konzept der Kriegführung überlegen: Der Nahkampf Mann gegen Mann verliert an Bedeutung und die gepanzerten Rüstungen der Ritter werden sinnlos.

Sehenswert rund um Castillon-la-Bataille

Wer es nicht eilig hat: Die Gegend lädt dazu ein, ein oder zwei Tage länger zu bleiben.

Castillon, 1953 in Castillon-la-Bataille umbenannt, liegt an einem strategisch wichtigen Übergang über die Dordogne in der Nähe von Libourne, an der Grenze zwischen dem Bordelais und dem Périgord. Es ist heute ein Städtchen von knapp 3.000 Einwohnern.

Sehenswert sind die Barockkirche und die Kapelle der Sainte Marguerite aus dem 12. Jahrhundert in Capitourlan.

Website der Stadt: http://www.castillonlabataille.fr/

Informationen, auch über aktuelle Veranstaltungen und Besichtigungen erhalten Sie über das Tourismusbüro:

https://www.tourisme-castillonpujols.fr/

***

Castillon-la-Bataille ist namengebend für die Weinbau-Appellation **Castillon Côtes de Bordeaux**, die in neun Gemeinden auf 2850 Hektar angebaut wird. Diese Appellation wurde 1989 aus der Appellation Bordeaux ausgegliedert.

1060 hatte einer der Vizegrafen der Guyenne Benediktinermönche aus Saint Florent de Saumur nach Castillon kommen lassen. Sie bauten ihr Kloster nördlich des Schlosses und nannten es ebenfalls Saint Florent. Und zeichneten sich durch ihren Wein aus.

Mehr Informationen über die Weine finden Sie auf der Website der Appelation:http://castillon-cotesdebordeaux.com/index.htm

In Castillon-la-Bataille gibt es ein *Maison du Vin*. Es ist montags bis freitags von 9 bis 18 Uhr geöffnet.

Maison des vins des côtes de Castillon
6 allées de la République 33350 Castillon La Bataille

Tel.: 05 57 40 00 88; Fax.: 05 57 40 06 31
E-Mail: contact@castillon-cotesdebordeaux.com

***

Knapp 9 Kilometer entfernt steht **das Schloss von Michel de Montaigne** (1533-1592), einer der großen Geister der französischen Renaissance.

Das Schloss ist 1885 einem Feuer zum Opfer gefallen. Es ist teilweise wiederaufgebaut worden, aber nur der Turm kann besichtigt werden. Er beherbergt eine Ausstellung zu Montaigne – Sterbezimmer inklusive. Er ist im Juli und im August bis zum 24. des Monats täglich von 10 bis 18.30 geöffnet; danach wie die meiste Zeit des Jahres von Mittwoch bis Sonntag. Die Führungen im Tour de Montaigne dauern etwa eine dreiviertel Stunde.

Château de Montaigne
24230 Saint-Michel-de-Montaigne
Kontakt : 05 53 58 63 93
E-mail: info@chateau-montaigne.com

***

Nur 12 Kilometer entfernt liegt **Saint-Émilion**, Zentrum einer der Spitzenlagen des Haut-Médoc. Im 8. Jahrhundert von dem Mönch Émilion gegründet, war die Stadt ein Zentrum des religiösen Lebens.

Heute gehört der Ort zum Weltkulturerbe der UNESCO und besticht durch unzählige Monumente und Bauwerke vor allem aus der romanischen Epoche. Dem ersten Anschein nach ist der Ort mit seinen Monumenten und Überresten aus der romanischen Epoche ein Museum unter freiem Himmel. Es gibt aber noch ein zweites »Museum« – ein ausgedehntes unterirdisches Labyrinth.

Im unterirdischen St. Émilion – *St. Émilion souterrain* – kann jeden Tag neben ausgedehnten Katakomben die größte unterirdische Kirche Europas besichtigt werden. Der Besuch dauert eine knappe Stunde. Eineinhalb Stunden dauert die Führung durch das oberirdische historische Stadtzentrum, die alle Tage außer sonntags angeboten wird. Beide Führungen sind allerdings auf französisch.

In englischer Sprache gibt es aber eine kürzere Variante beider Touren zusammen, die insgesamt eineinhalb Stunden dauert.

Die Besichtigung des unterirdischen Saint-Émilion ist auch Bestandteil einer ganztägigen Weintour, die von Anfang April bis Anfang November samstags veranstaltet wird. Deswegen tragen diese »Samstage der Önologie« den Untertitel »Das Wichtigste von Saint-Émilion in einem Tag«. Neben den Katakomben umfasst der Tag eine Einführung in Weinkunde in der Weinschule, ein Essen mit Weinproben und die Besichtigung eines Weinguts. – Minderjährigen wird das Programm nicht angeboten.

Die Weinschule kann unabhängig vom Tagesprogramm besucht werden – von Mitte Juli bis Ende August täglich.

Es gibt auch eine Reihe vo«n thematischen Veranstaltungen wie »Une nuit sous la révolution«, eine nächtliche Tour, die zu unterirdischen Verstecken der Aufständischen während der Großen Revolution führt.

Reservierungen von Besichtigungen, Übernachtungsmöglichkeiten und weitere Informationen über das Tourismusbüro der Stadt: http://www.saint-emilion-tourisme.com/

Zum Weiterlesen

Hier finden Sie eine längere Bibliographie mit Texten unter den Schlagworten »Sur l'histoire de la Guyenne« und »Sur la période de la guerre de Cent Ans et de la Guyenne anglaise«:
http://benito.p.free.fr/biblio.html

Revue Historique de Bordeaux: zugänglich über open Edition:
http://search.openedition.org/index.php?
op[]=AND&q[]=+Revue+Historique+de+Bordeaux&field[]=All

Der Hundertjährige Krieg bei Wikipedia: http://de.wikipedia.org/wiki/Hundertjähriger_Krieg

Geschichte Aquitaniens bei Wikipedia:
http://fr.wikipedia.org/wiki/Aquitaine und
https://de.wikipedia.org/wiki/Herzogtum_Aquitanien

Über die Autorin

Annemarie Nikolaus ist Sozialwissenschaftlerin. Sie hat u.a. Geschichte und Publizistik studiert. Nachdem sie lange auch als Journalistin gearbeitet hat, hat sie Anfang 2001 mit dem literarischen Schreiben begonnen. Seit 2011 veröffentlicht sie vorwiegend verlagsunabhängig.

Sie ist gebürtige Hessin und hat zwanzig Jahre in Norditalien gelebt. 2010 ist sie mit ihrer Tochter in die Auvergne in Frankreich gezogen.

Sind Sie an aktuellen Informationen über ihre Bücher und Neuerscheinungen interessiert? Dann abonnieren Sie den Newsletter: http://eepurl.com/Ub86b.

Qindie-Autorin: Qindie steht für Qualität und Unabhängigkeit. http://www.qindie.de/.

Veröffentlichungen:

Romane und Erzählungen:

Königliche Republik. Historischer Roman. ISBN 9782902412471

Haus zu verkaufen. Familiendrama. ISBN 9782902412983

Bitterer Wein. Reihe »Médoc« Kriminalroman. ISBN 9782493398017

Die Piratin. Fantasy-Roman. Reihe *»Drachenwelt«*. ISBN 9782902412495

Das Feuerpferd. Fantasy-Roman. ISBN 9782902412501

Magische Geschichten. Kurzgeschichten für Kinder. ISBN 9782902412488

Die Enkelin. Liebesroman. Reihe *»Quick, quick, slow – Tanzclub Lietzensee«.* ISBN 9782902412518

Flirt mit einem Star. Liebesroman. Reihe *»Quick, quick, slow – Tanzclub Lietzensee«.* ISBN 9782902412532

Zurück aufs Parkett. Eheroman. Reihe *»Quick, quick, slow – Tanzclub Lietzensee«.* ISBN 9782902412525

Verjährt. Historische Krimi-Kurzgeschichten. ISBN 978-9782902412549

Ustica. Ein Mini-Thriller. ISBN 9782902412556 TB mit Gutschein für das E-Book.

Tot. Krimi-Kurzgeschichten. ISBN 9782902412587

Leuchtende Hoffnung – Adventskalender. Bebilderter Science Fiction-Roman. ISBN 9782902412563

Sachbücher:

Aquitanien: Das Ende eines Krieges. Reihe *»Am Rande des Weges ...«* ISBN 9782902412570

Suche Reisebegleitung. Reihe »Fliegende Blätter« ISBN 9781499608427.

Junge Welten. Reihe *»Fliegende Blätter«* ISBN 978500971991

Bildnachweis

Für die Szenenfotos bedanke ich mich bei der Assoziation »*La Bataille de Castillon*«. © 2010 Jean-Bernard Nadeau

Cover: Foto: © 2010 Jean-Bernard Nadeau

Wappen © Peter17 [GFDL (http://www.gnu.org/copyleft/fdl.html), CC-BY-SA-3.0 (http://creativecommons.org/licenses/by-sa/3.0/) or CC-BY-2.5 (http://creativecommons.org/licenses/by/2.5)], via Wikimedia Commons

Schloss Montaigne: © Henry SALOMÉ [GFDL (http://www.gnu.org/copyleft/fdl.html) or CC-BY-SA-3.0-2.5-2.0-1.0 (http://creativecommons.org/licenses/by-sa/3.0)], via Wikimedia Commons